RÁDIO BANDEIRANTES

SÃO PAULO

Grupo Bandeirantes de Comunicação

Presidente
João Carlos Saad

Rádio Bandeirantes

Vice-presidente de rádio
Mário Baccei

Diretor de jornalismo
José Carlos Carboni

Band Imagem

Nonô Saad
Elisa Ayb
Kaique de Almeida Kikuchi

Panda Books

Diretor editorial
Marcelo Duarte

Coordenadora editorial
Tatiana Fulas

Assistente editorial
Vanessa Sayuri Sawada
Juliana Paula de Souza
Ana Luiza Candido

Assistente de arte
Alex Yamaki
Daniel Argento

CIP – BRASIL. CATALOGAÇÃO NA FONTE
SINDICATO NACIONAL DOS EDITORES DE LIVROS, RJ

Andrade, José Paulo de
Futebol é com a Rádio Bandeirantes: São Paulo/ Memórias futebolísticas de José Paulo de Andrade. – São Paulo: Panda Books, 2012. 48 pp.

Acompanha CD.
ISBN: 978-85-7888-221-1

1. Rádio Bandeirantes – História. 2. Rádio – Estações – São Paulo (Estado) – História. 3. Jornalismo esportivo – São Paulo (Estado). 4. Jornalistas esportivos – São Paulo (Estado). 5. São Paulo Futebol Clube. 6. Futebol – São Paulo (Estado) – História. 7. Futebol – Jogos – Brasil. I. Título.

12-1334

CDD: 791.4463570981
CDU: 654.19:796.332(815.61)

2012

Um selo da Editora Original Ltda.
Rua Henrique Schaumann, 286, cj. 41
05413-010 – São Paulo – SP
Tel./Fax: (11) 3088-8444
edoriginal@pandabooks.com.br
www.pandabooks.com.br
twitter.com/pandabooks
Visite também nossa página no Facebook.

FUTEBOL É COM A

RÁDIO BANDEIRANTES

UM DOCUMENTO COMEMORATIVO COM NARRAÇÕES E VINHETAS HISTÓRICAS

SÃO PAULO

Memórias futebolísticas de

JOSÉ PAULO DE ANDRADE

PANDA BOOKS

Este livro segue as normas do novo ACORDO ORTOGRÁFICO

Telão instalado pela Rádio Bandeirantes na praça da Sé, em São Paulo, na Copa de 1962.

Apresentação

Fiz tudo no rádio: reportagens, apresentações, roteiros de programas, entrevistas – mas nada me dá prazer maior que preservar a memória dos acontecimentos. A partir do estudo do passado, sem qualquer exagero, você pode entender o presente e melhorar o futuro. É carregando essa bandeira que, desde 1994, estou à frente do Cedom, o Centro de Documentação e Memória da Rádio Bandeirantes. Além de fazer reportagens e apresentar o programa *Memória* na emissora, passei a ficar incumbido de resgatar a história da própria Bandeirantes e, por que não dizer, da cidade de São Paulo e do rádio paulista. Antes da criação do Cedom, as fitas não estavam organizadas, não se sabia de quem era a fala, a qual evento aquilo se referia. O material acabava sendo perdido. Foram tamanhas as nossas dificuldades que, no trabalho diário de preservação, por vezes chegávamos a levar uma semana para identificar o conteúdo de algo que estava em cinco minutos de áudio. Isso porque a ação do tempo é implacável.

Hoje, depois de muita luta e trabalho, conseguimos resgatar aproximadamente 3 mil horas – já digitalizadas – do material existente desde a criação da emissora em 1937. O conteúdo que antes ocupava dez fitas de rolo pode ser armazenado em um único CD, com 15 horas de gravação cada um. Com uma palavra-chave o profissional terá acesso a um breve texto daquilo que irá ouvir. Tal pesquisa pode demorar apenas três minutos entre consultar o computador e dar o "play" na mídia. Arquivo não é velharia. Trata-se de um documento que tem valor histórico, é a memória de um país.

Quando o assunto é futebol, o Cedom da Rádio Bandeirantes passa a ser imbatível. Temos em nosso arquivo o Pelé pai, o Pelé marido, o Pelé empresário, o Pelé ministro e o Pelé atleta. As maiores conquistas e as próprias histórias dos clubes paulistas, da Seleção e das Copas do Mundo foram seguramente narradas pela equipe de profissionais da Rádio Bandeirantes. Tivemos o cuidado de ajustar a rotação e filtramos o possível para manter a originalidade dos áudios das transmissões feitas nos estádios de futebol, preservando assim o clima vivido naquela determinada partida.

Todo esse acervo tem despertado o interesse acadêmico de estudantes de faculdades e pós-graduandos, que encontram aqui no Cedom da Rádio Bandeirantes boa parte da história do Brasil, de 1937 até agora. Estamos lapidando essa pedra bruta aos poucos. Dos áudios antigos, ainda temos cerca de 5 mil horas para remasterizar. Dos atuais, tenho orgulho de dizer que resguardamos tudo, desde a criação deste departamento até hoje. Nessa caminhada, resta-me dizer que, mais do que sentir orgulho e satisfação ao desempenhar essa função, tenho a sensação do dever cumprido, ajudando a manter viva a lembrança dos acontecimentos a serviço dos paulistanos e do Brasil. Parabéns à Rádio Bandeirantes pelos seus 75 anos de vida. Vamos para os próximos!

Milton Parron

Apresentador dos programas *Ciranda da cidade* e *Memória*
Responsável pelo Cedom (Centro de Documentação e Memória) da Rádio Bandeirantes

Década de 1940

Década de 1950

Décadas de 1960 e 1970

Década de 1980

Década de 1990 até hoje

Evolução da logomarca da Rádio Bandeirantes.

Futebol é com a Bandeirantes

Na noite de quinta-feira, dia 6 de maio de 1937, entra no ar a Sociedade Bandeirante de Radiodifusão. A primeira transmissão foi realizada de um modesto auditório com quarenta lugares no segundo andar do número 395 da rua São Bento, no centro de São Paulo. A direção é feita pelos sócios José Nicolini e José Pires de Oliveira Dias. Com prefixo PRH-9, a rádio apresenta inicialmente uma extensa programação de música erudita. Mas não demoraria para a bola começar a rolar, como você lerá nas próximas páginas.

1938

1939

Com apenas um ano de vida, a Bandeirantes começa a transmitir alguns jogos de futebol experimentalmente. As partidas são narradas por Tito Fleury e comentadas por Enéas Machado. A emissora usa duas bicicletas no transporte do pesado equipamento e cria também um uniforme para identificar sua equipe esportiva nos estádios.

No dia 10 de março, estreia o primeiro programa: *Bola ao ar*. Com vida longa, a atração passa a pautar as discussões esportivas na cidade de São Paulo. Fica ainda mais conhecida pelas "Crônicas à torcida amiga", narradas pelo apresentador Ary Silva. Mais tarde, nos anos 1960, passa a ser conduzida por Luiz Aguiar e, posteriormente, por Ennio Rodrigues, entre outros.

Com Ary Silva, a Bandeirantes cria o primeiro programa esportivo feminino do rádio brasileiro: *Eva no esporte*. Ary escrevia crônicas como se fosse uma mulher falando de esportes e contava com a leitura e a interpretação das moças do radioteatro, como Maria Estela Barros.

1942

Chega à emissora o primeiro locutor esportivo profissional da rádio, contratado exclusivamente para essa função. Murilo Antunes Alves faz sua estreia no clássico Corinthians 2 X 0 Portuguesa, em 5 de abril, no Parque São Jorge, pelo primeiro turno do Campeonato Paulista.

Ary Silva lidera o movimento para a criação da Aceesp (Associação dos Cronistas Esportivos do Estado de São Paulo) e é eleito o primeiro presidente.

Um programa de sátira esportiva começa a ser veiculado pela emissora. Os humoristas Capitão Barduíno e Lauro D'Ávila (autor do hino do Corinthians) comandavam um quadro de curta duração, que era apresentado logo depois da jornada esportiva.

1945 1946

Nicolau Tuma faz história a partir de 1931 ao narrar partidas de futebol por inteiro. Antes disso, as rádios só transmitiam pequenos *flashes* sobre o andamento dos jogos. Tuma chega à Bandeirantes em 1945. Tinha o apelido de Locutor Metralhadora por causa da velocidade que incorpora às transmissões. Não é à toa que também foi narrador de turfe. Nicolau Tuma cria a palavra "radialista" e fica na Bandeirantes até 1947.

Rebello Júnior é outro grande locutor esportivo da Bandeirantes na década de 1940. Dividindo funções administrativas, ele fica conhecido pela alcunha de o Homem do Gol Inconfundível, por causa da extensão do grito de gol. Torna-se titular da equipe de esportes e diretor da emissora. Em pouco tempo, Rebello Jr. levaria a rádio ao primeiro lugar de audiência.

1947

Ary Silva, Paulo Planet Buarque, Dárcio Ferreira e Edson Leite estão no comando das transmissões esportivas. O time só fortalecia ainda mais a popularidade da emissora. Leite também acumularia as funções de diretor comercial e artístico.

1948

Já propriedade do então governador de São Paulo, Ademar de Barros, a empresa entra em crise financeira. Seu genro, João Jorge Saad, recebe a incumbência de gerir e administrar a emissora. Saad tem grande êxito na empreitada.

João Jorge Saad assume a administração da emissora em 1948.

1950

Na Copa do Mundo no Brasil, Rebello Jr. transmite com exclusividade o primeiro treino da Seleção Brasileira em São Januário, estádio do Vasco da Gama, no Rio de Janeiro. O narrador inova ao irradiar o treinamento à beira do gramado, ao lado do técnico Zezé Moreira e dos próprios jogadores. Nesse ano, a Bandeirantes se torna a **primeira emissora a ficar no ar por 24 horas**.

1951

João Jorge Saad decide investir no futebol. A emissora transmite todos os jogos da **Copa Rio**, o primeiro torneio mundial de grande envergadura no pós-guerra, que envolveu alguns dos maiores times do mundo. O Palmeiras sagrou-se campeão do torneio, desbancando o favorito Vasco da Gama e batendo a Juventus, da Itália, na grande final em dois jogos.

1952

A Rádio Piratininga, que nessa época pertencia à Bandeirantes, muda a sua programação. No dia 3 de outubro, estreia *Torça conosco*, um show oferecido aos jogadores de futebol no local da concentração do time, na véspera do jogo. O programa apresenta entrevistas com os craques e oferece um concurso que envolve todo o elenco da emissora. A atração era apresentada por Abigail de Lurdes.

Fiori Gigliotti estreia na Rádio Bandeirantes, atuando inicialmente como repórter. Em 31 de agosto, narra sua primeira partida profissionalmente pela emissora. O jogo é Corinthians 3 X 2 Ponte Preta, no Parque São Jorge. Entre idas e voltas, Fiori trabalha por 38 anos na casa, que o consagra como um dos maiores narradores esportivos do rádio brasileiro. Ao todo, ele cobre dez Copas do Mundo.

1953

1954

A rádio estende suas ondas curtas para aumentar o alcance de audiência. A partir daí, a emissora passa a ser ouvida não apenas no estado de São Paulo, mas em todo o país.

A partir de maio, todos os domingos, das 14:30 horas às 15:00 horas, a Bandeirantes coloca no ar o *Instantâneos esportivos*. O programa traz, antes do início da rodada, a palavra de craques, técnicos e dirigentes. O patrocínio é das lojas de roupas A Exposição.

A Rádio Bandeirantes e os jornais do grupo *Folha de S.Paulo* estabelecem parceria para a cobertura da Copa de 1954, na Suíça. Promovem debates na redação com profissionais da emissora.

1955

Entra no ar o noticiário *Marcha do esporte*, que tinha o comando de Fiori Gigliotti e Edson Leite. O *slogan* da atração era "Cem notícias num minuto" e contava também com a participação de Flávio Araújo, Fernando Solera e Darcy Reis.

1956

João Jorge Saad e o diretor Edson Leite contratam o narrador Pedro Luiz e o comentarista Mário Moraes para uma arrancada decisiva na área do futebol. Eles se tornam integrantes da mais famosa equipe esportiva do rádio brasileiro de todos os tempos.

A Bandeirantes transmite com exclusividade para o país o Campeonato Pan-Americano de Futebol de 1956, disputado na Cidade do México. A Seleção Brasileira é representada por uma seleção gaúcha e fica com o título. O feito faz o ouvinte associar cada vez mais o futebol à Bandeirantes.

1957

1958

O narrador Flávio Araújo entra para o time da Bandeirantes, e permanece na rádio até 1981. É na voz dele que o milésimo gol de Pelé, marcado de pênalti, fica registrado na memória dos que acompanham a partida pela emissora, em 19 de novembro de 1969.

Edson Leite volta de uma viagem aos Estados Unidos com uma música que havia ouvido no filme *Assim caminha a humanidade*. Trata-se da canção *The eyes of Texas are upon you*, composta em 1903 por John Sinclair. Ela se torna a vinheta de abertura das transmissões esportivas da Rádio Bandeirantes, e permanece até os dias atuais.

No comando da equipe de esportes, Edson Leite cria a Cadeia Verde-Amarela Norte-Sul, que reúne quatrocentas emissoras de todo o Brasil. A partir daqui, a rádio se transforma definitivamente na Emissora do Futebol. As transmissões tinham a dobradinha composta por Pedro Luiz na narração e comentários de Mário Moraes. Fiori Gigliotti transmite os jogos preparatórios do Brasil para a Copa de 1958 e depois deixa a emissora.

Uma inovação da Bandeirantes é a instalação de **balões sonoros** no centro de São Paulo. O som alto permitia que os paulistanos acompanhassem os jogos da Copa da Suécia. Na final, disputada entre Brasil e a equipe anfitriã, no dia 29 de junho, uma multidão de pessoas acompanha a transmissão em frente ao Placar Bandeirantes, colocado na fachada do prédio da avenida Prestes Maia, próximo ao viaduto Santa Efigênia, no centro de São Paulo. Os números para sinalizar os gols são trocados manualmente e, ao final do jogo, com 5 X 2 para o Brasil, tem início uma grande festa popular.

Em 1958, a Bandeirantes inicia a tradição de lançar LPs com o registro das campanhas vitoriosas do Brasil em Copas do Mundo.

1958

(frente)

(verso)

LP com as narrações das vitórias da Seleção na Suécia.

1962

(frente)

(verso)

Disco com a narração da vitoriosa campanha da Seleção de Ouro no Chile.

1970

(frente)

(verso)

A Rádio Bandeirantes faz parte do *pool* de emissoras de rádio na Copa do México.

1958

A **Rádio América**, que também pertencia à Bandeirantes, veicula as partidas secundárias, enquanto a Bandeirantes faz as transmissões dos jogos principais.

Alexandre Santos estreia como radioescuta e, mais tarde, passa a comandar o ***Plantão esportivo***. Considerado o pioneiro em dar ao programa um formato diferenciado, o jornalista apresenta informações, detalhes e estatísticas que não eram comuns naquele tempo. O departamento chega a contar com 12 aparelhos de rádio e quatro teletipos internacionais. Alexandre cuida do programa por 11 anos.

1960

O *Futebol de ouro* vai ao ar na jornada esportiva do final de semana, antes da transmissão do jogo. A equipe de produção busca em jornais antigos os detalhes de alguma importante partida das décadas de 1920 e de 1930, quando o rádio ainda não transmitia futebol lance a lance.

Também nesse período, o programa *Movietone esportivo* já está na grade e trata do esporte como uma sessão de cinema. Era mais uma atração sob o comando de Fiori Gigliotti, com destaque para as reportagens de Flávio Araújo e Ethel Rodrigues.

Uma pesquisa mostra que a Bandeirantes é a rádio mais ouvida também nos estádios. É a chamada transistormania. A reportagem revela que, durante o jogo entre as seleções de São Paulo e Rio de Janeiro, no dia 3 de fevereiro, 74% dos rádios portáteis estão sintonizados na Rádio Bandeirantes.

1961

No dia 10 de setembro, entra no ar o *Riso Futebol Clube*. O programa serve de embrião para, mais tarde, Estevam Bourroul Sangirardi criar o famoso *Show de rádio*. No ar aos domingos, a atração dura 15 minutos e conta com imitações de vozes de jogadores, árbitros, torcedores, dirigentes de futebol. Participam do programa Silvio Luiz, Fiori Gigliotti, Francisco Renato Duarte, Garcia Netto, Braga Júnior e Eduardo Leporace, filho de Vicente Leporace.

1962

O painel da Rádio Bandeirantes transmitia a movimentação dos jogadores na Copa do Chile de 1962.

Para a cobertura da Copa do Chile, a Rádio Bandeirantes instala um painel luminoso na praça da Sé, no centro de São Paulo. O equipamento demonstra a movimentação da equipe brasileira em campo, enquanto alto-falantes transmitiam as narrações de Pedro Luiz e Édson Leite. Uma multidão de torcedores tomou a praça na partida contra a Tchecoslováquia na decisão. Não havia transmissão de jogos pela TV e o videoteipe chegava horas depois, sendo veiculado só no dia seguinte.

Na semifinal da Copa de 1962, entre Brasil e França, a Rádio Bandeirantes tem 61,8% de audiência contra os 38,2% registrados pela soma das demais emissoras.

1963

José Paulo de Andrade (à esquerda) e Salomão Ésper (à direita).

No dia 1º de fevereiro, **José Paulo de Andrade** entra para a equipe de esportes da Rádio Bandeirantes de São Paulo. Na casa, ele foi locutor e narrador esportivo, diretor de jornalismo e atualmente é apresentador. Zé Paulo era chamado por Fiori Gigliotti de "Acadêmico" por ser formado em direito. No início da carreira de narrador, José Paulo é escalado para narrar jogos do Clube Atlético Juventus, no estádio da rua Javari, endereço tradicional do bairro da Mooca, zona Leste de São Paulo.

O locutor esportivo Pedro Luiz deixa a emissora. Para seu lugar, Fiori Gigliotti volta à Bandeirantes. A equipe passa a ser chamada de **Scratch do Rádio**, a mesma denominação dada à Seleção Brasileira (Escrete Nacional). "Com a ajuda de João Dória, fizemos campanhas de jornais e cartazes de rua dando ênfase ao futebol com o 'scratch do rádio'", escreveu José Bonifácio de Oliveira Sobrinho, ex-diretor artístico da rádio, em sua autobiografia *O livro do Boni*.

"Abrem-se as cortinas e começa o espetáculo!"

"É fogo, é fogo, é gol!"

"O tempo paaaaassa..."

"Balão subindo, balão descendo."

"Fecham-se as cortinas e termina o espetáculo!"

Bordões imortalizados por Fiori Giglioti.

1963

No dia 23 de outubro, Ennio Rodrigues estreia como narrador no empate Ferroviária 3 X 3 Corinthians, em Araraquara (SP). O profissional atuaria na empresa por 27 anos.

O narrador Borghi Júnior estreia na RB 840 e fica na emissora até 1985. Além de transmitir jogos, ele apresenta o programa *Bandeirantes no esporte*, que é levado para o interior paulista em ondas curtas.

A Bandeirantes transmite a vitória do Santos contra o Milan, da Itália, na final do Mundial de Clubes. No dia do jogo, o famoso painel eletrônico da rádio foi instalado na praia do Gonzaga, em Santos. A emissora saúda o título santista com um anúncio de jornal que dizia: "Não há dúvida possível: o Scratch do Rádio é também o *scratch* da vitória".

A equipe de esportes da Rádio Bandeirantes monta um time de futebol chamado também de Scratch do Rádio, e faz jogos beneficentes em cidades do interior do estado de São Paulo que estavam aniversariando.

1963

1970

Atualidades esportivas, apresentado inicialmente por José Paulo de Andrade, tem quatro edições diárias: uma no início da manhã, outra na hora do almoço, a terceira no final da tarde e a última à noite. Os boletins trazem resumos do noticiário esportivo e duram cinco minutos. O programa fica no ar por aproximadamente 25 anos.

Na Copa do México, a Rádio Bandeirantes faz um *pool* com as rádios Jovem Pan e Nacional. Pela Bandeirantes narram Fiori Gigliotti (aqui já considerado o Locutor da Torcida Brasileira) e Flávio Araújo, com comentários de Mauro Pinheiro e reportagens de Roberto Silva. Do lado da Nacional, Pedro Luiz e Marco Antônio Matos narram, com comentários de Mário Moraes e reportagens de Juarez Soares. Já pela Jovem Pan, Joseval Peixoto é o narrador, com comentários de Cláudio Carsughi e reportagens de Geraldo Blota.

Anúncio do Scratch do Rádio com o time da década de 1970.

1971

1974

Entra no ar o programa *As grandes reprises do futebol*, logo depois das transmissões das jornadas esportivas. O programa é apresentado por mais de duas décadas por Alexandre Santos e atende aos pedidos de ouvintes com grandes jogos da história.

O comentarista esportivo Mauro Pinheiro torna-se o primeiro presidente da Abrace (Associação Brasileira dos Cronistas Esportivos).

1978

O Rei Pelé participa do programa *O poder da mensagem*, de Hélio Ribeiro, na época um marco para a emissora. Perto de se aposentar, o atleta falou pela primeira vez de particularidades de sua vida.

Antecedendo às transmissões esportivas dos domingos, Fiori Gigliotti apresenta o programa *Cantinho de saudade*, com crônicas romanceadas sobre a vida de jogadores do passado.

1982

1990

Estevam Sangirardi (no centro) volta para a Rádio Bandeirantes com seu programa *Show de rádio*.

A Bandeirantes é a primeira emissora brasileira a transmitir 24 horas por um **canal de satélite exclusivo**. Com isso, a Cadeia Verde-Amarela passa a ser conhecida como Rede Bandeirantes de Rádio. O satélite interliga sessenta emissoras filiadas à Rádio Bandeirantes, em oitenta localidades diferentes. A partir daqui, as rádios associadas têm acesso imediato às informações esportivas.

1991

2000

A Rádio Bandeirantes conquista o Prêmio Aceesp de melhor equipe esportiva do rádio.

O narrador José Silvério é contratado pela Bandeirantes. O mineiro de Itumirim, município próximo de Lavras, é notabilizado por sua técnica de se manter sempre em cima do lance.

2002 2004

A programação esportiva da rádio ganha um reforço de peso com o programa humorístico *Na geral*. O imitador Beto Hora (à direita) divide a apresentação com Lélio Teixeira (no centro) e José Paulo da Glória (à esquerda) em uma mistura de humor e informação.

No dia 29 de fevereiro, estreia o *Fanáticos por futebol*, programa que traz entrevistas e curiosidades de times de todo o país. Sob o comando do jornalista Marcelo Duarte, inicialmente era apresentado nas manhãs de domingo. Com a chegada de Milton Neves em 2005, o programa passa para as noites de segunda a sexta, às 22:00 horas, exceto em dias de jornadas esportivas.

2005

2008

O apresentador Milton Neves é contratado pela Rádio Bandeirantes, trazendo consigo a marca *Terceiro tempo*, atração já tida como tradicional do pós-jogo. Além disso, o jornalista passa a comandar o *Domingo esportivo Bandeirantes*, das 9:00 às 15:00 horas. Sua estreia acontece no dia 15 de junho.

Chega à Bandeirantes o narrador Ulisses Costa, primo dos três irmãos narradores Osmar Santos, Oscar Ulisses e Odinei Edson. Ele faz parte do atual time de narradores da emissora, ao lado de José Silvério e José Maia.

> "Mas o que é que é isso?"

Bordão de Ulisses Costa para jogadas bisonhas.

2009

No dia 1º de abril, o *Na geral* aplica uma brincadeira no Dia da Mentira. Lélio Teixeira informa que Zidane iria jogar no Corinthians, ao lado de Ronaldo. O golpe conta com a ajuda de um amigo francês, que interpreta o jogador. Na entrevista, o falso Zidane chega a cantar "Aqui tem um bando de louco...". Alguns corintianos ligam para a emissora chorando, emocionados com o furo de reportagem. Ao final da atração, a piada foi revelada. Um site de notícias chegou a publicar a informação como verdadeira.

> "Falem bem ou falem mal/
> Quero ouvir a opinião/
> Da turma *Na geral.*"

Letra da música que o Rei Pelé escreveu para o programa *Na geral*.

Na última rodada do Campeonato Brasileiro, em 6 de dezembro, José Silvério entra para a história mais uma vez. Do estúdio, ele transmite simultaneamente quatro partidas dos times que disputam o título pelo sistema de pontos corridos. Os jogos são: Flamengo X Grêmio (Maracanã), São Paulo X Sport (Morumbi), Internacional X Santo André (Beira-Rio) e Botafogo X Palmeiras (Engenhão). O Flamengo fica com o título. Silvério repete a dose na rodada decisiva do Brasileirão de 2010.

2011

Depois de dez anos, o ex-meia corintiano **Neto** volta a trabalhar na Rádio Bandeirantes – emissora em que iniciou sua carreira de comentarista ao pendurar as chuteiras. O primeiro jogo que comenta é Corinthians 0 X 2 Figueirense, no dia 20 de agosto, pelo primeiro turno do Campeonato Brasileiro.

Ao longo de sua história, a equipe esportiva da Bandeirantes conquista vários prêmios. Destacam-se os troféus do Prêmio Aceesp, sendo oito pela melhor **Equipe de Produção**. Já **Milton Neves** e **José Silvério**, por terem alcançado o reconhecimento por mais de dez vezes, têm seus nomes imortalizados pela entidade e não mais concorrem, respectivamente, aos troféus de Apresentador Esportivo e Narrador, na categoria Rádio.

2012

São 75 anos de Rádio Bandeirantes. Décadas de conquistas são-paulinas. São 21 Campeonatos Paulistas; um Torneio Rio-São Paulo; seis Campeonatos Brasileiros; três Libertadores da América e três Mundiais Interclubes.

Referências bibliográficas

Livros

CORAÚCCI, Carlos. *Um show de rádio: A vida de Estevam Sangirardi.* São Paulo: Girafa, 2006.

CRONOLOGIA das Artes em São Paulo 1975-1995: Comunicação de massa – Rádio e televisão. São Paulo: Centro Cultural São Paulo, 1996, v. 5.

OLIVEIRA SOBRINHO, José Bonifácio de. *O livro do Boni*. Rio de Janeiro: Casa da Palavra, 2011.

ROCHA, Vera Lúcia. *Cronologia do rádio paulistano: Anos 20 e 30.* São Paulo: Centro Cultural São Paulo/ Divisão de pesquisa, 1993.

SOARES, Edileuza. *A bola no ar.* São Paulo: Summus, 1994.

LPs

BRASIL – Campeão do mundo. São Paulo: Columbia do Brasil, 1958.

BRASIL – Bicampeão do mundo. São Paulo: RGE, 1962.

BRASIL – Tricampeão do mundo. São Paulo: Philips, 1970.

Sites

www.radiobandeirantes.com.br

www.acervo.folha.com.br

http://blogmiltonneves.bol.uol.com.br

www.pecasraras.blogspot.com

www.radioamantes.wordpress.com

www.bastidoresdoradio.com

www.mlopomoblogesporte.zip.net

www.landelldemoura.com.br

Descrição dos gols do CD

SÃO PAULO 1 X 0 LIVERPOOL

- Final do Campeonato Mundial Interclubes da Fifa
- 18/12/2005
- Gol: Mineiro
- Narração: Ulisses Costa

SÃO PAULO 4 X 0 ATLÉTICO-PR

- Final da Copa Libertadores
- 14/7/2005
- Gol: Diego Tardelli
- Narração: José Silvério

SÃO PAULO 1 X 1 ATLÉTICO-PR

- Campeonato Brasileiro
- 19/11/2006
- Gol: Fabão
- Narração: José Silvério
- Com este empate, o São Paulo conquistou o Campeonato Brasileiro com duas rodadas de antecedência.

SÃO PAULO 1 X 0 GOIÁS

- Última rodada do Campeonato Brasileiro
- 7/12/2008
- Gol: Borges
- Narração: José Silvério
- Com esta vitória, o São Paulo conquistou o Campeonato Brasileiro pela sexta vez em sua história, sendo a terceira seguida.

SÃO PAULO 2 X 1 CORINTHIANS

- Campeonato Paulista (jogo do centésimo gol de Rogério Ceni)
- 27/3/2011
- Gol: Rogério Ceni
- Narração: José Silvério

SÃO PAULO 4 X 0 INDEPENDENTE-PA

- Primeira fase da Copa do Brasil
- 14/3/2012
- Gol: Luis Fabiano
- Narração: Ulisses Costa

Biografia do autor

José Paulo de Andrade (São Paulo, SP, 1942) está na Bandeirantes desde 1963. Começou sua carreira três anos antes como rádio-escuta do plantão esportivo da Rádio América, emissora que pertencia ao Grupo Bandeirantes. Trabalhou durante 14 anos como locutor esportivo até se tornar apresentador e comentarista de programas jornalísticos da casa. Comandou debates eleitorais e apresentou o jornal local *Band Cidade*, na Rede Bandeirantes de Televisão. Apresenta *O pulo do gato* desde 1973, programa que é recordista do rádio brasileiro por estar no ar no mesmo horário e com o mesmo apresentador há 39 anos. Também está à frente do *Jornal Gente* desde 1977. É formado em direito pela Universidade de São Paulo.

Projeto gráfico e diagramação
Alex Yamaki
Daniel Argento

Roteiros
Adriana Cury
Marcelo Abud

Pesquisa
Daniel Grecco

Consultoria
Gustavo Longhi de Carvalho

Narração
Sérgio Patrick

Montagens
Everton Massei

Colaboração
Alexandre Santos
Antonio Mier
Ennio Rodrigues
Fernanda Albino
Flávio Araújo
Frank Fortes
Luiz Aguiar
Mário Lopomo
PH Dragani

Fotos
p. 10, 15, 28, 30, 32, 36-38, 41 e 47: Arquivo Bandeirantes
p. 4-5 e 27: Folhapress
p. 42-43: Zanone Fraissat/ Folhapress

Hino do clube no CD
São Paulo F. C. *(José Porphyrio da Paz)*
© Fermata do Brasil

Impressão
RR Donnelley

São Paulo
RÁDIO BANDEIRANTES